Aprendiendo a utilizar el Sistema de Información Estudiantil (SIE) en forma ilustrada

Guía para maestros

Frank J. Ortiz Bello, M.A. Ed.

Autor: Frank J. Ortiz Bello, M.A. Ed.

Fotografía contraportada: Ezequiel I. Ortiz Samot

Fotografía de la portada:
© Vs1489 | Dreamstime.com - Infinity Cube Computer Technology Concept Business Bac Photo

Todas las imágenes son de la aplicación *SchoolMAX*™.

SchoolMAX™ es una marca registrada de N. Harris Computer Corporation.

ISBN: 978-1-881741-68-8

©2015, 2016 Frank J. Ortiz Bello

Primera edición 2016

Todos los derechos reservados.

Prohibida la reproducción total o parcial de este libro en cualquier medio, sin la autorización por escrito del autor.

Ediciones Eleos
Dorado, Puerto Rico
www.edicioneseleos.com

A aquellos héroes que mantienen a todo un pueblo: a las maestras y maestros de Puerto Rico, quienes día a día se levantan para guiar a cada niño y niña en los procesos de enseñanza y aprendizaje; cambiando el rumbo de toda una nación en forma positiva, aportando en el desarrollo del ciudadano del mañana.

Tabla de contenido

Introducción..19

Sección 1: Entrando al SIE
Capítulo 1: Obteniendo una cuenta en el SIE...................23

Capítulo 2: Auntenticándonos en el SIE..........................27

Sección 2: Asistencia e información del estudiante
Capítulo 3: Entrando la asistencia diaria........................37

Capítulo 4: Buscando la información de los estudiantes...41

Sección 3: Instrumentos de evaluación
Capítulo 5: Creando instrumentos de evaluación.............47

Capítulo 6: Copiando instrumentos de evaluación............55

Capítulo 7: Editando instrumentos de evaluación.............61

Capítulo 8: Eliminando instrumentos de evaluación.........65

Capítulo 9: Asignando las puntuaciones.........................69

Capítulo 10: Publicando las puntuaciones.......................75

Sección 4: Los informes
Capítulo 11: Viendo las evaluaciones académicas...........85

Capítulo 12: Creando informe de evaluación detallado....89

Sección 5: Mi perfil y otros
Capítulo 13: Leyendo los mensajes................................97

Capítulo 14: Cambiando la contraseña..............................99

Capítulo 15: Saliendo del SIE..101

Sobre el autor
Frank J. Ortiz Bello..105

Bibliografía
Bibliografía...109

Aviso legal

Este libro fue creado utilizando la versión 2.8 de *SchoolMAX*™. A la fecha de la publicación del libro se utilizaron las políticas y procedimientos actuales; sin embargo, el autor y Ediciones Eleos, así también como el Departamento de Educación de Puerto Rico y la compañía Harris Computers Systems, Inc., no se hacen responsables de cambios en los procedimientos que puedan surgir a raíz de nuevas versiones de la aplicación o cambios de las políticas de usos de la misma, y que sean diferentes a las presentadas en este libro. El lector es responsable de ponerse al día con el Departamento de Educación de Puerto Rico para conocer las últimas actualizaciones del Sistema de Información Estudiantil (SIE), incluyendo su aplicación *SchoolMAX*™ y sus políticas de usos.

Agradecimientos

Quiero darle gracias primeramente a Dios, quien siempre da la sabiduría y las fuerzas para realizar cada proyecto que pone Él en mi corazón.

Gracias a mi esposa y mis hijos, quienes siempre son mi inspiración y ceden de su tiempo para apoyar mi trabajo.

Gracias a mi hermana Carmen Milagros, maestra de profesión, por su ayuda.

¿Para quién es este libro?

Este libro es dirigido a estudiantes de pedagogía de las universidades de Puerto Rico, así también como a maestros del Departamento de Educación de Puerto Rico. También es recomendado para directores escolares y personal de apoyo de las escuelas y distritos escolares que estén interesados en conocer las herramientas del maestro en el Sistema de Información Estudiantil (SIE).

Es una excelente herramienta para profesores universitarios que ofrecen cursos de tecnología educativa a estudiantes de pedagogía; sirviendo como libro de texto para ofrecer una introducción al SIE. Este libro le servirá de referencia a estudiantes que comienzan a trabajar como maestros en el sistema público.

Cómo utilizar este libro

Este libro está organizado en secciones y capítulos que están en el orden que debe seguir para trabajar con el Sistema de Información Estudiantil (SIE). Para cada paso enumerado existe una imagen que describe ese paso, de esta forma usted podrá leer y observar lo que se está explicando.

Los pasos están enumerados dentro de imágenes circulares. Por otro lado, los pasos opcionales están enumerados dentro de imágenes cuadradas. Así también, las palabras que representan el texto de algún botón o enlace dentro de la aplicación, se encuentran en negritas (*bold*). Cuando se quiera enseñar parte de una imagen en un tamaño más grande, verá una flecha entre ambas imágenes, y la sección agrandada aparecerá con un borde como de papel cortado alrededor y con el efecto de sombra en los bordes.

Aunque el libro se presenta en un orden lógico, cada capítulo está explicado individualmente, de tal manera que usted pueda utilizar la tabla de contenido y buscar la información que desea en cualquier orden.

El uso de los términos en masculino

En este libro cuando nos referimos a maestro o maestros, nos referimos también a maestra o maestras. Cuando hablamos de educador o director, también hablamos de educadora o directora. Así que cualquier término utilizado en masculino, también se refiere como femenino.

Aprendiendo a utilizar el Sistema de Información Estudiantil (SIE) en forma ilustrada

Guía para maestros

Frank J. Ortiz Bello, M.A. Ed.

Introducción

Desde el año académico 2006-2007, el Departamento de Educación de Puerto Rico tiene un Sistema de Información Estudiantil (SIE), donde almacena los datos de cada estudiante en forma electrónica. Por medio de este sistema se recopila todos los datos de los estudiantes y de las escuelas públicas de Puerto Rico. Estos datos se almacenan para luego ser manejados por el personal concerniente.

Gracias a este sistema, los maestros sólo tienen que crear instrumentos de evaluación y asignarle las puntuaciones obtenidas por sus estudiantes. Ya no hay que convertir notas y sacar promedio para calcular un promedio y nota final, ya que el sistema lo hace automáticamente utilizando los datos entrados por los maestros.

La carta circular 1-2006-2007 del Departamento de Educación de Puerto Rico (*Normas y procedimientos para la evaluación del aprovechamiento académico y la promoción de los estudiantes del sistema escolar público puertorriqueño*), estableció por primera vez que el maestro entraría las puntuaciones obtenidas por los estudiantes al registro electrónico en línea, reemplazando el método antiguo donde los maestros entraban notas en un registro manual. Ahora el nuevo sistema tomaría las puntuaciones entradas y sacaría un promedio y nota final por cada curso.

Para poner en función el SIE, se utilizó la aplicación *SchoolMAX™*, desarrollada por la compañía *Harris Computers Systems, Inc.* Este libro utiliza la versión 2.8 de esta aplicación.

La carta circular más reciente de evaluación, en el tiempo de la publicación de este libro, es la número 13-2015-2016: *Normas y procedimientos para la evaluación del aprovechamiento y crecimiento académico estudiantil y para la promoción de los estudiantes del sistema educativo escolar.*

Este libro tiene como objetivo principal presentar el funcionamiento de esta herramienta a estudiantes de pedagogía de las universidades de Puerto Rico, considerando que muchos de los graduados de estas instituciones probablemente ingresarán a trabajar como maestros en el Departamento de Educación de Puerto Rico. También se pretende ser un manual de referencia para los maestros de Puerto Rico, que les sirva de ayuda para trabajar con el SIE de la forma más efectiva posible. Este libro fue diseñado con el propósito de ser una referencia fácil de utilizar.

Sección 1:
Entrando al SIE

Capítulo 1:
Obteniendo una cuenta en el SIE

Tan pronto un maestro comienza a trabajar en una escuela, lo primero que debe asegurarse es que tenga una cuenta en el Sistema de Información Estudiantil (SIE). Puede haber dos situaciones, una en que el maestro es nuevo en el Departamento de Educación, y otra en que el maestro es nuevo en la escuela, ya que fue transferido de otra escuela o está trabajando en una plaza transitoria o por contrato.

Cuando el maestro es nuevo debe solicitarle al director de la escuela que le facilite la hoja de *Solicitud de autorización para crear cuenta de usuario en SIE*. Si el maestro ya tiene cuenta, entonces debe solicitarle al director de la escuela que complete y someta la hoja de *Solicitud de movimiento de empleados*.

Para asistencia con el SIE puede utilizar los tutoriales y guías que aparecen en el área de mensajes dentro del SIE, llamar a la *Oficina de Sistemas de Información y Apoyo Tecnológico a la Docencia* (OSIATD) o comunicarse con el Maestro Especialista en Tecnología Educativa, ubicado en el *Centro de Innovaciones Tecnológicas para la Docencia* (CITeD) de su Distrito Escolar.

Solicitud cuenta nueva

Aprendiendo a utilizar el SIE en forma ilustrada | 25

Solicitud movimiento de empleados

Estado Libre Asociado de Puerto Rico
Departamento de Educación
Oficina de Sistemas de Información y Apoyo Tecnológico a la Docencia (OSIATD)

SIE-F04
Rev. marzo 2013

SOLICITUD DE MOVIMIENTO DE EMPLEADOS

Información de la Escuela:

- Escuela y Código: _____
- Teléfono y extensión: _____
- Distrito: _____
- Correo Electrónico: _____

☐ Eliminar los siguientes empleados de la escuela
☐ Añadir los siguientes empleados de la escuela

Nombre	Seguro Social	Nombre de Usuario (username)	Puesto (maestro, director, TS, etc.)	Escuela de Procedencia (Nombre y Código)

Autorización del Director(a) o Supervisor(a) de Área:
Estas cuentas son requeridas para cumplir con los objetivos del Departamento por lo cual autorizo los cambios solicitados.
El (la) Director(a) o Supervisor(a) de Área conservará una copia de este formulario para su record.

_____   _____
Firma del Director(a) o Supervisor(a) de Área   Nombre en letra de molde

Fecha _____

ATENCIÓN: Envíe este formulario por fax al (787) 763-6935
Nota: No utilice este formulario para solicitar crear cuentas nuevas en el Sistema.

Para uso del personal de la OSIATD

Trabajado por: _____ Fecha: _____ Núm. de Referencia: _____

Capítulo 2:
Autenticándonos en el SIE

En este capítulo vamos a presentar la manera en que entramos al Sistema de Información Estudiantil (SIE). Este proceso le llamamos autenticar, ya que allí usted tiene que entrar la información que le proveyó el Departamento de Educación. Por medio de la autenticación nos aseguramos que la persona que está accediendo al portal es la persona autorizada. Por esta razón usted es responsable de mantener su contraseña de forma privada, tal y como guardaría su número secreto de una tarjeta que utiliza en los cajeros automáticos.

Para comenzar, tenemos que visitar el sitio web del Departamento de Educación y hacer un clic sobre el enlace al SIE. Otra opción es escribir la dirección (URL) directa: https://prdesieprod.dde.pr/schoolmax.

Procedimiento

1. Escriba su nombre en el campo **Nombre de Usuario**.

2. En el campo **Contraseña** escriba la contraseña de su cuenta.

3. Ahora haga un clic en el botón **Entrar al Sistema**.

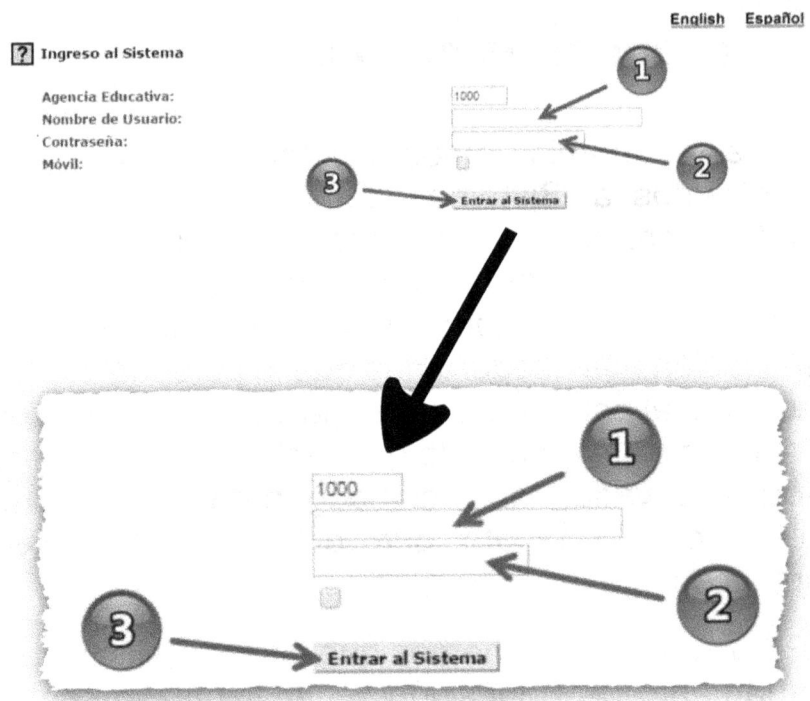

4. Al entrar verá una lista de los mensajes más recientes. Para leer los mensajes sólo tiene que hacer un clic sobre ellos; sin embargo, para efectos de nuestro curso, haga un clic en el botón **Continuar**. Más adelante dedicaremos un capítulo completo sobre este tema.

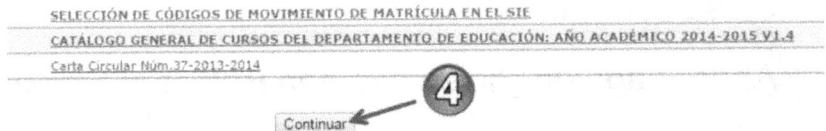

¡Felicidades, ya está dentro del SIE! En cualquier momento puede leer los mensajes publicados haciendo un clic sobre el enlace **MENSAJES**, en la parte superior derecha de la pantalla.

Lo primero que verá es la interfaz de la sección de la asistencia diaria de sus estudiantes. Usted debe pasar asistencia diaria para cada sección que ofrece. Después de la explicación verá una imagen de esta interfaz. En las páginas subsiguientes verá la misma imagen dividida en tres secciones en tamaño más grande para que pueda ver los detalles.

1. **Nombre de la escuela** - Aquí verá el nombre de su escuela.

2. **Menú** - Este es el menú de navegación. Haciendo un clic sobre los enlaces en el menú podrá navegar toda la aplicación. Observe que el menú **Asistencia** está color blanco. Esto es debido a que esa es la sección que está activa en este momento.

3. **Salida Automática en** - Por cuestión de seguridad, si en 30 minutos deja la aplicación sin utilizar, el mismo sistema lo sacará automáticamente y tendrá que repetir el proceso de autenticación. Mientras se mantenga trabajando en el sistema no tiene que preocuparse.

4. **MENSAJES** - Haciendo un clic sobre este enlace podrá leer los mensajes publicados en el sistema.

5. **Usuario** - Aquí aparece su nombre escrito.

6. **Salir** - En este enlace es que debe hacer clic cuando termine de utilizar la aplicación. Nunca debe salir sin hacer clic sobre este enlace.

7. **Cambiar Fecha** - Aquí usted selecciona la fecha en que pasará la asistencia de su grupo.

8. **Cambiar** - Luego de seleccionar la fecha de asistencia, debe hacer un clic sobre este botón para actualizar la fecha.

9. **Información de los cursos** - Podrá ver los cursos que ofrece junto a otros datos de interés que incluyen:

    - Curso-Sección
    - Nombre del curso
    - Período o períodos en que se ofrece el curso
    - Si se sometió o no la asistencia
    - La cantidad de matrícula activa
    - La cantidad de estudiantes presentes, ausentes y tardes

Aprendiendo a utilizar el SIE en forma ilustrada | 31

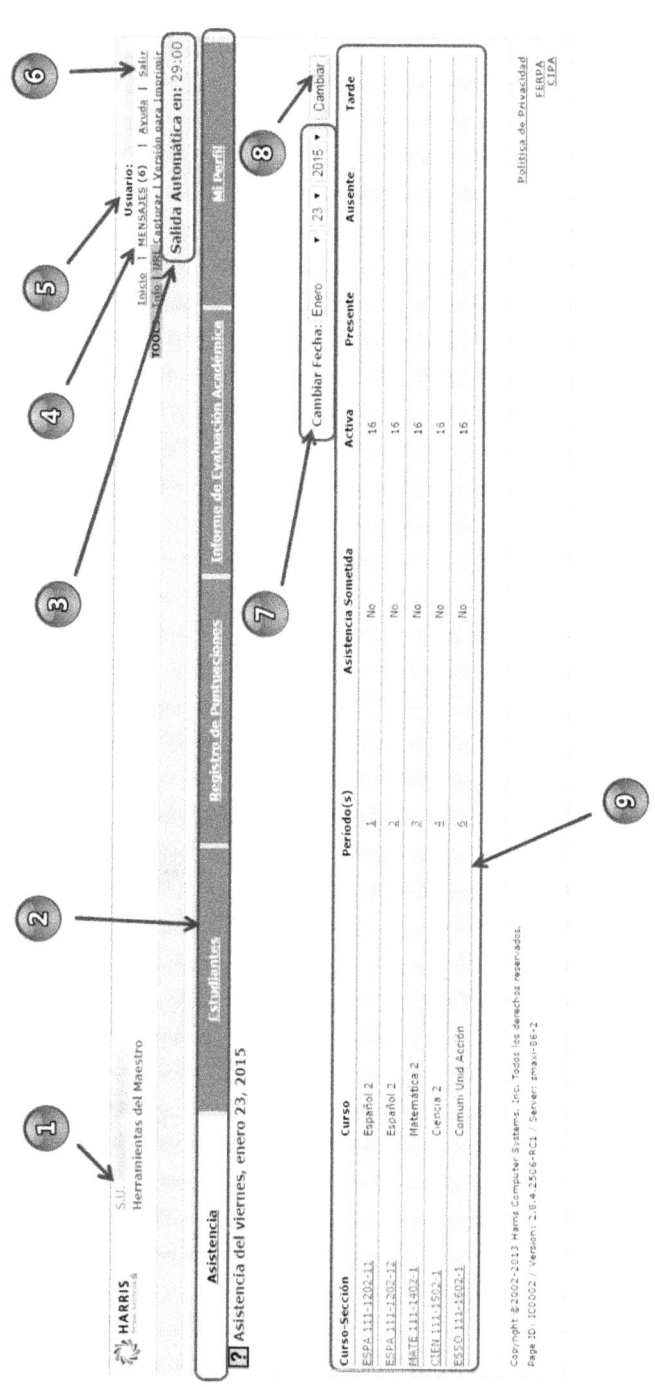

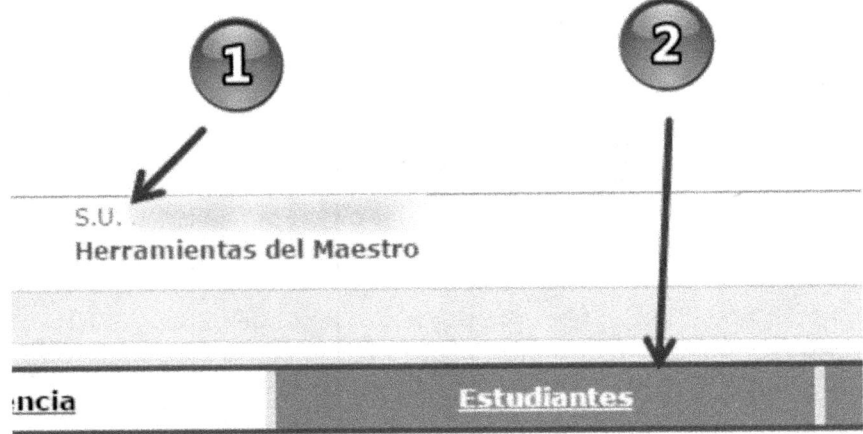

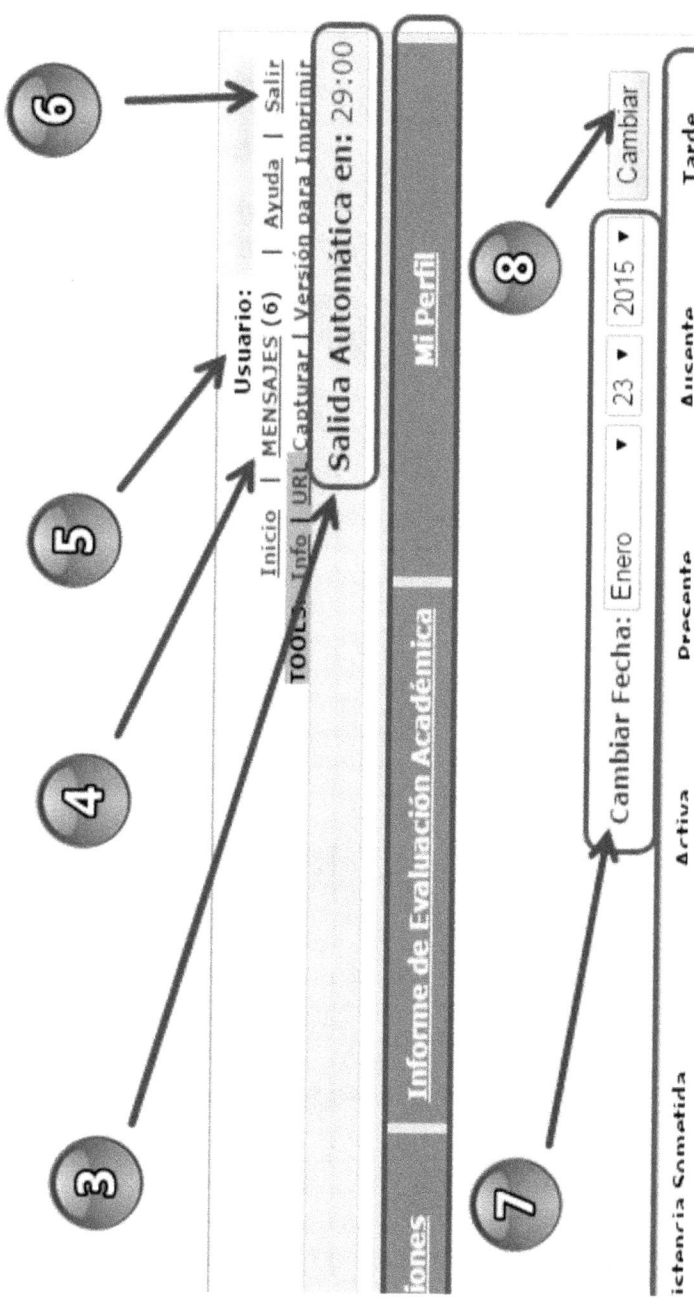

Curso-Sección	Curso	Período(s)
ESPA 111-1202-11	Español 2	1
ESPA 111-1202-12	Español 2	2
MATE 111-1402-1	Matemática 2	3
CIEN 111-1502-1	Ciencia 2	4
ESSO 111-1602-1	Comuni Unid Acción	6

Copyright ©2002-2013 Harris Computer Systems, Inc. Todos los derechos reservados.
Page ID: IC0002 / Version: 2.8.4.2506-RC1 / Server: smaxi-86-2

⑨

Sección 2:
Asistencia e información del estudiante

Capítulo 3:
Entrando la asistencia diaria

En este capítulo vamos a trabajar con el proceso de entrar la asistencia diaria de nuestros estudiantes. Lo primero que verá al entrar, como mencioné en el capítulo anterior, es la pantalla de asistencia.

Procedimiento

1. Seleccione el curso en el cual desea pasar la asistencia de sus estudiantes, haciendo un clic sobre el enlace con el código del curso y la sección. Si no puede ver el curso que desea, seleccione **Todos** de la lista **Cambiar Período Académico**, haciendo un clic sobre ella, y luego haga un clic en el botón **Cambiar**.

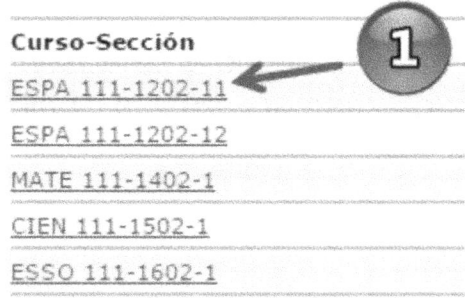

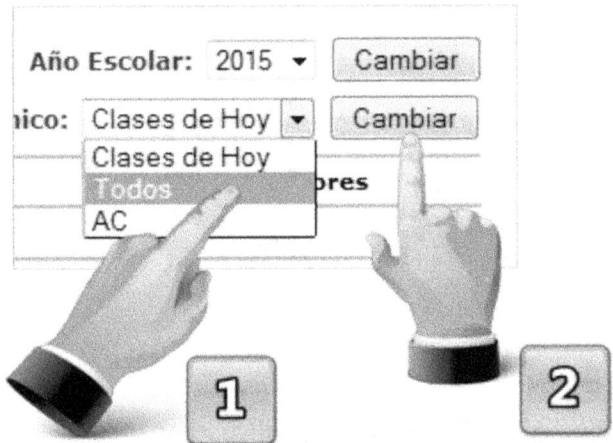

2. Escoja la fecha en que va a trabajar; haciendo un clic sobre el mes, el día y el año.

3. Haga un clic sobre el botón Cambiar.

4. Cuando haya un estudiante ausente o tarde, sólo tiene que marcar en la columna que le corresponde.

5. Puede escribir la hora en que entró o salió el estudiante.

6. También tiene la opción de escribir el código de razón por el cual se ausentó o llegó tarde el estudiante.

Aprendiendo a utilizar el SIE en forma ilustrada | 39

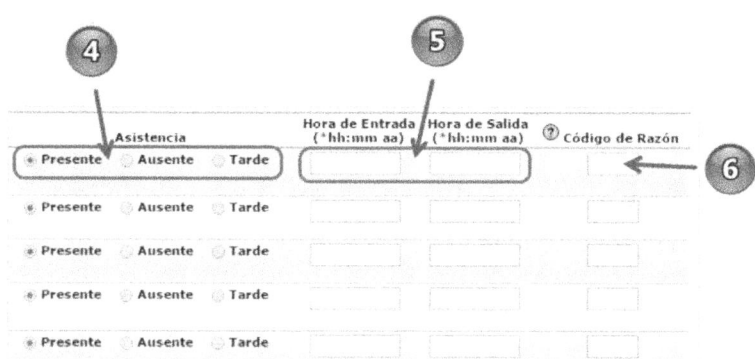

7. Si hace un clic sobre la imagen con el símbolo de pregunta al lado izquierdo de **Código de Razón**, podrá ver en una nueva ventana los diferentes códigos con sus respectivos significados.

8. Ahora haga un clic en el botón **Guardar** para terminar.

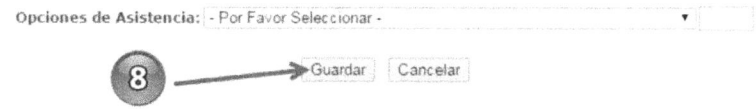

9. También tiene la opción de marcar todos los estudiantes iguales, seleccionando una de las siguientes opciones:

- Marcar todos los estudiantes presente.

- Marcar todos los estudiantes ausente. Código de Razón (opcional):

- Marcar todos los estudiantes tarde. Código de Razón (opcional):

- Añadir este código a todos los Códigos de Razón vacíos:

10. Si desea cancelar el procedimiento antes de guardarlo, sólo tiene que hacer un clic en el botón **Cancelar**.

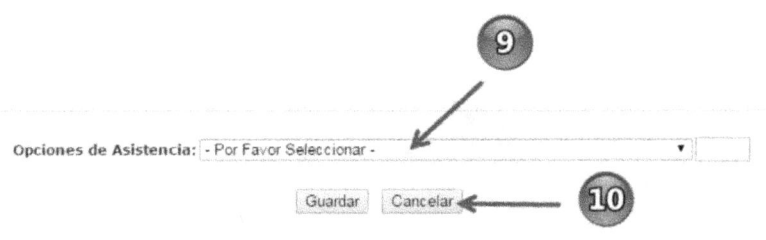

Capítulo 4:
Buscando la información de los estudiantes

Si seguimos el orden del menú de navegación, podrá observar que el próximo enlace dice **Estudiantes**. Es en esta sección que vamos a aprender el procedimiento a seguir para buscar la información de cada uno de nuestros estudiantes.

Procedimiento

1. Haga un clic en el enlace **Estudiantes**, en el menú de navegación.

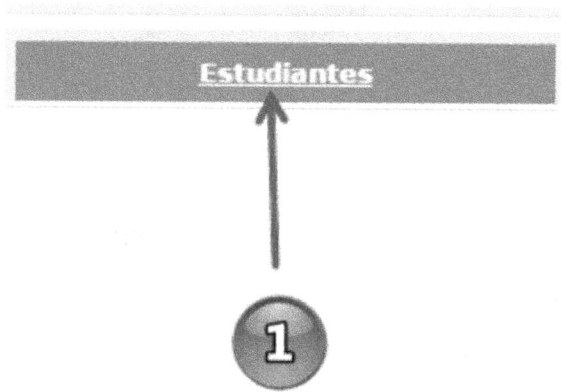

2. Observe que hay una lista con los nombres de cada uno de sus estudiantes matriculados en el curso y sección que acaba de entrar la asistencia. La primera columna contiene los números de

estudiantes, seguido por los apellidos y nombres de sus estudiantes. Haga un clic sobre el enlace con el número de estudiante que desea buscar su información. Se abrirá una nueva ventana.

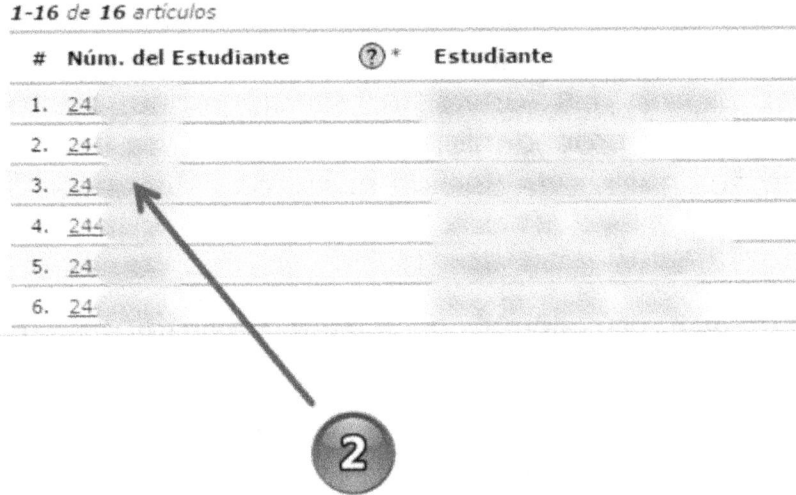

En la nueva ventana podrá encontrar una variedad de información de su estudiante, clasificado en:

- **Perfil del Estudiante** - Aquí encontrará información general del estudiante, tales como su dirección residencial y el teléfono. También verá información especial del estudiante, tales como condiciones de salud y restricción por orden del tribunal.

- **Comentario del Estudiante** - Aquí encontrará cualquier comentario que tenga la escuela sobre el estudiante.

- **Información de Contacto** - Esta sección incluye información sobre el encargado del estudiante.

- **Programa** - Podrá ver aquí el programa de clases del estudiante.

3. Para terminar y cerrar la ventana con información del estudiante, sólo tiene que hacer un clic en el botón **Cerrar Ventana**. También tiene la opción de cerrar la ventana haciendo un clic sobre la **X** en la parte superior derecha de la ventana.

Sección 3:
Instrumentos de evaluación

Capítulo 5:
Creando instrumentos de evaluación

Una parte sumamente importante en el Sistema de Información Estudiantil (SIE) es la creación de los instrumentos de evaluación, ya que estos son los que se utilizarán para evaluar el aprendizaje de los estudiantes. El proceso a seguir es sencillo, se puede resumir en los siguientes pasos que mas adelante detallaremos:

- Actualizar el tipo de evaluación.
- Crear el instrumento de evaluación.

Procedimiento

1. Haga un clic en el menú **Registro de Puntuaciones**.

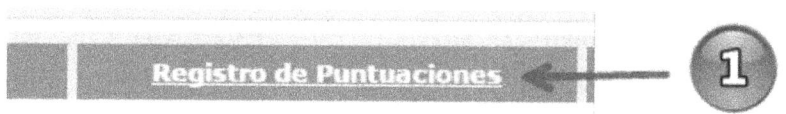

2. Seleccione el curso donde creará su instrumento de evaluación haciendo un clic en el código del curso. Si no puede ver el curso que desea, seleccione **Todos** de la lista **Cambiar Período Académico**, haciendo un clic sobre ella, y luego haga un clic en el botón **Cambiar**.

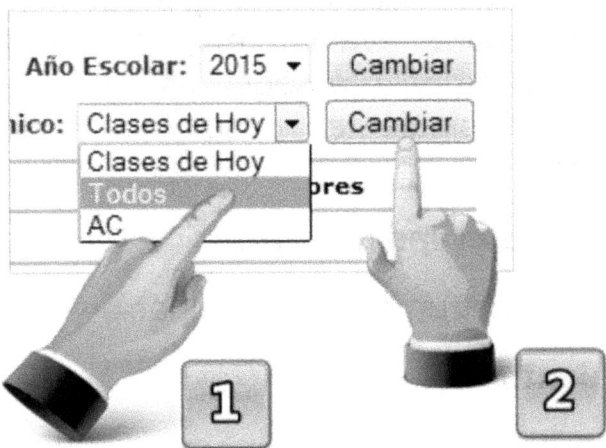

3. Ahora vamos a trabajar con los tipos de evaluación. Este paso sólo tiene que hacerlo una vez al comienzo del curso. Haga un clic en el enlace **Tipo de Evaluaciones**.

4. La columna **Incluir en Evaluación del Período Académico** debe tener una marca de cotejo.

Aprendiendo a utilizar el SIE en forma ilustrada | 49

Además, seleccione **%** de la lista **Tipo de Evaluación**.

5. Para terminar haga un clic en el botón **Guardar Cambios**.

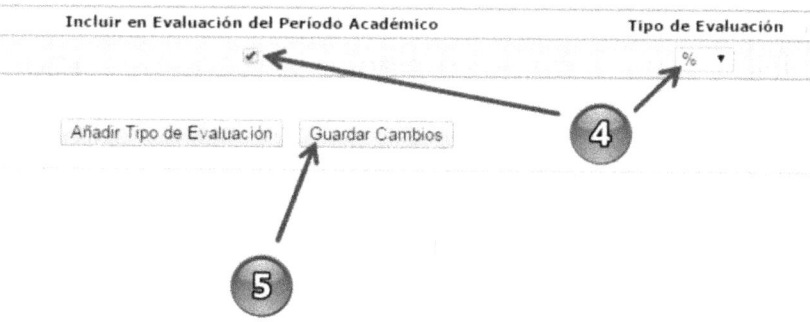

6. Ahora haga clic en el enlace **Instrumentos/Temas**.

7. Para comenzar a crear el instrumento de evaluación haga un clic en el botón **Añadir Instrumento/Tema**.

8. En el campo **Fecha de Inicio** entre la fecha en que comienza ese instrumento. Este campo es opcional.

9. Entre la fecha final en el campo **Fecha Límite**. En el caso de un examen o trabajo de un solo día, tiene la opción de escribir la misma fecha en el inicio y final, o dejar en blanco la fecha de inicio y entrar sólo la final.

10. Si el instrumento tiene puntuación, debe marcar **Sí** en el campo **Se Adjudica Puntuación**.

11. Si seleccionó que adjudicará puntuación, debe entrar la puntuación máxima que podrá obtener un estudiante, en el campo **Puntuación Máxima**.

12. En el campo **Tipo de Evaluación**, seleccione **Evaluación**.

13. Escriba el nombre de su instrumento de evaluación en el campo **Instrumento/Tema**. Es importante que escriba un nombre que identifique el tipo de instrumento creado.

14. El campo **Descripción** es opcional; sin embargo, sugiero que entre una breve descripción del instrumento que está creando, ya que esta información podría facilitarle el recordar más adelante información sobre el instrumento creado.

15. Ahora sólo tiene que hacer un clic en el botón **Crear Instrumento/Tema** para terminar.

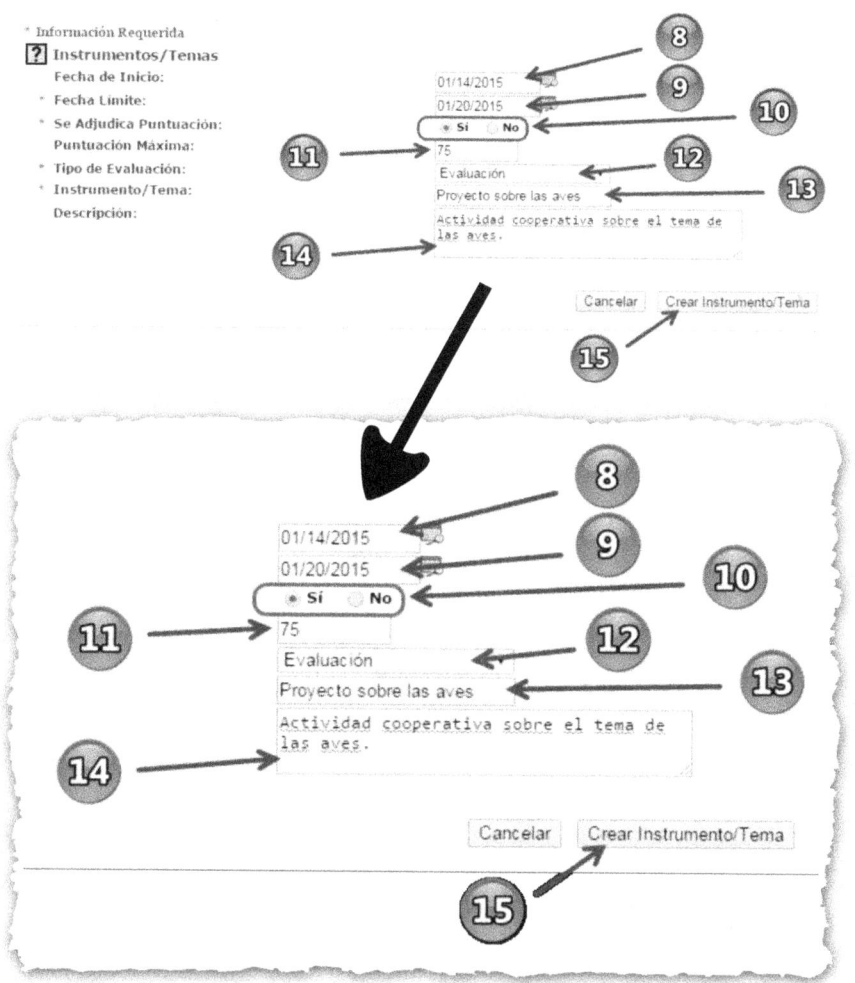

16. Observe que aparece una nueva ventana con la información que entró. Note que aparece un nuevo campo llamado **Período de Informe de Progreso/de Notas**. Este campo se llena automáticamente y lo que indica es el período en que se adjudicará la puntuación del estudiante;

donde 1 significa el período de evaluación de las 10 semanas, 2 para 20 semanas, 3 para 30 semanas y 4 para las 40 semanas de clases. Haga un clic sobre el botón **Guardar Cambios**.

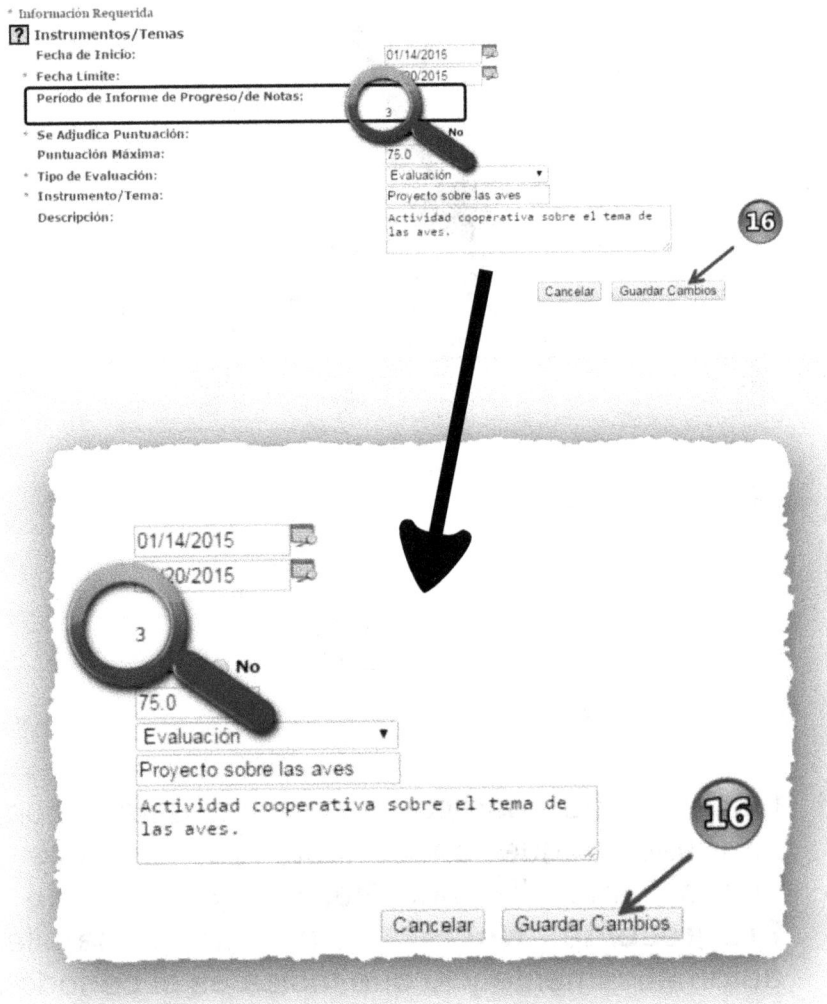

17. Ya su instrumento de evaluación ha sido creado. Observe que aparecen tres botones. Para editar su instrumento creado, haga un clic en el botón **Editar Información del Instrumento/Tema**.

18. Para eliminar su instrumento, haga un clic en el botón **Eliminar Instrumento/Tema**.

19. Si desea entrar las puntuaciones obtenidas por sus estudiantes, haga un clic en el botón **Asignar Puntuación al Instrumento/Tema**.

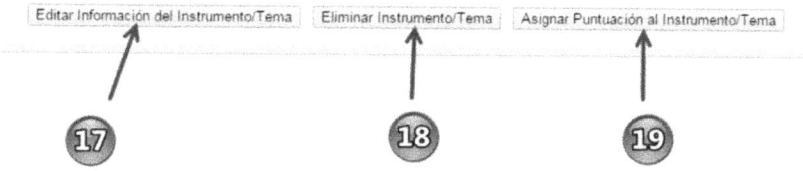

Más adelante dedicaremos varios capítulos para ofrecer más detalles de los procesos de editar y eliminar los instrumentos de evaluación, así también como el asignar puntuación a los mismos.

Capítulo 6:
Copiando instrumentos de evaluación

Para algunos maestros es importante aprender a copiar los instrumentos de evaluación creados. Este proceso le facilitará al educador la ardua tarea de escribir los mismos instrumentos para diferentes cursos de la misma materia. Por esta razón dedico este capítulo a explicarle cómo copiar los instrumentos de evaluación de un curso a otro. Esto aplica para los maestros que ofrecen el mismo curso más de una vez.

Procedimiento

1. Para comenzar haga un clic en el enlace del menú **Registro de Puntuaciones**.

2. Seleccione el curso en el que va a copiar los instrumentos de evaluación, haciendo un clic sobre el enlace del curso. Si no puede ver el curso que desea, seleccione **Todos** de la lista

Cambiar Período Académico, haciendo un clic sobre ella, y luego haga un clic en el botón **Cambiar**.

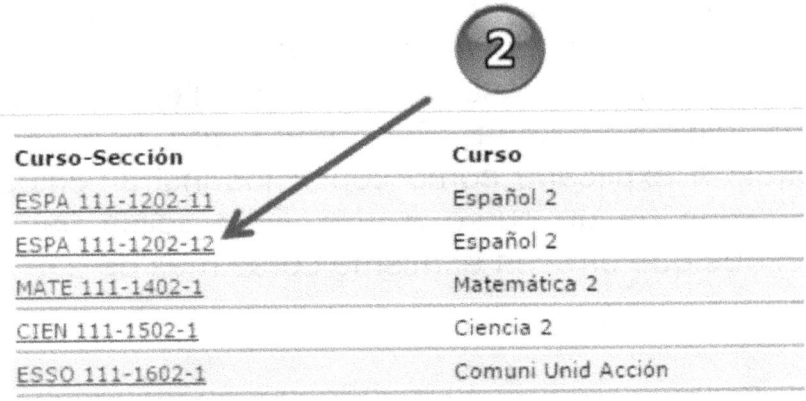

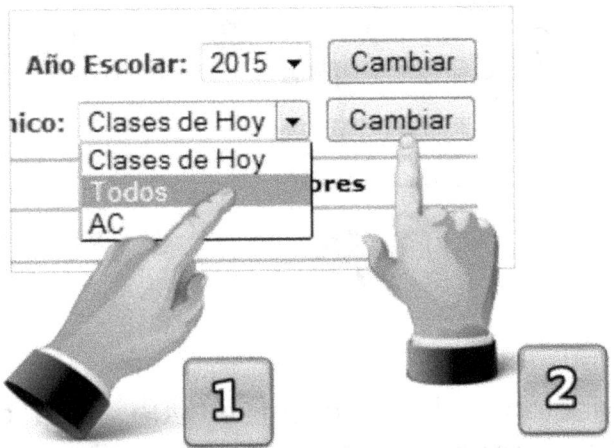

3. Del submenú de **Registro de Puntuaciones**, haga clic sobre el enlace **Instrumentos/Temas**.

4. Ahora haga un clic sobre el botón **Copiar Instrumento/Tema**.

5. Para copiar los instrumentos de evaluación, primero tenemos que buscar el curso que contiene esos instrumentos que queremos copiar. Para esto, haga un clic sobre el botón **Buscar**. También tiene la opción de escribir algunos datos del curso en los campos disponibles; sin embargo, ya que la lista es corta, sugiero dejar los campos en blanco y hacer clic sobre el botón para realizar la búsqueda.

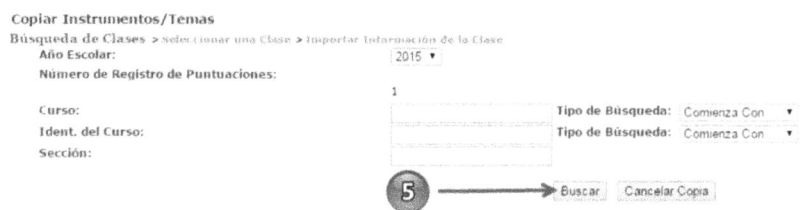

6. Aparecerá una lista con los cursos que usted ofrece. Seleccione el curso que contiene los instrumentos de evaluación que quiere copiar, haciendo un clic sobre el enlace con el curso.

Copiar Instrumentos/Temas
Búsqueda de Clases > **Seleccionar una Clase** > Importar Información de la Clase

Período	Ident. del Curso	Curso	Período Académico
1	ESPA 111-1202-11	Español 2	Año Completo
3	MATE 111-1402-1	Matemática 2	Año Completo
4	CIEN 111-1502-1	Ciencia 2	Año Completo
6	ESSO 111-1602-1	Comuni Unid Acción	Año Completo

⑥

La nueva página se divide en dos partes. La primera parte incluye los atributos del curso: Tipos de Evaluaciones de los Instrumentos/Temas; Recursos Requeridos; y, Referencias Recomendadas. También incluye una columna de valores. La segunda parte incluye el tipo de evaluación y los instrumentos/temas. Esta segunda parte es la que vamos a utilizar. La primera parte la puede dejar seleccionada tal y como aparece por defecto.

7. Si quiere copiar todos los instrumentos de evaluación, si no están seleccionados, puede seleccionarlos todos a la vez marcando la caja al lado de **Importar**.

8. Si sólo quiere copiar un instrumento de evaluación, haga un clic sobre la caja al lado del instrumento en la columna **Importar**.

9. Ahora haga un clic sobre el botón **Importar Información de la Clase**.

10. En la nueva ventana se le indicará que existen conflictos entre la clase actual y la clase de la cual se está copiando, deje seleccionado la opción "**Mantener datos actuales. Añadir datos importados.**" Para terminar haga clic en el botón **Continuar**.

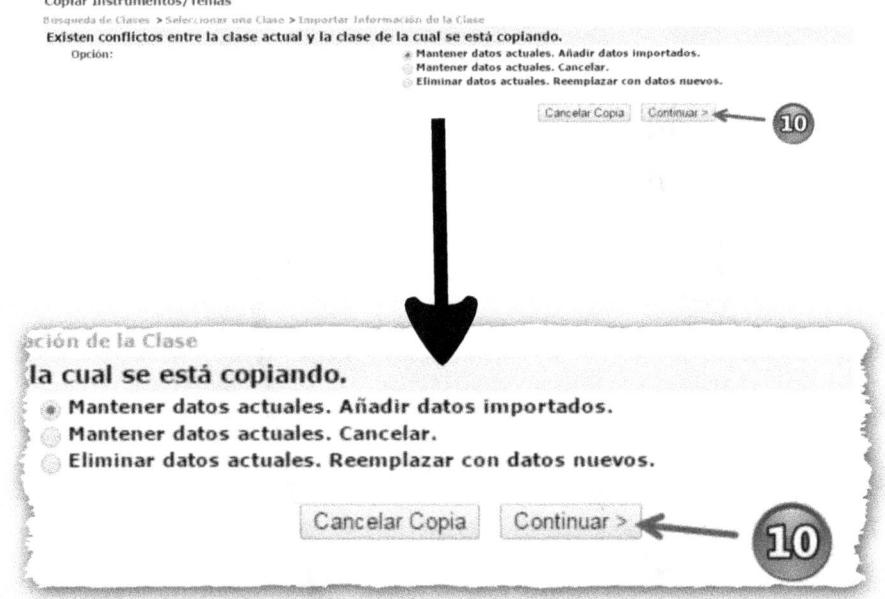

Capítulo 7:
Editando instrumentos de evaluación

Hay ocasiones en que necesitamos editar la información de algún instrumento de evaluación que ya creamos. En el Sistema de Información Estudiantil (SIE) tenemos la opción de hacer cualquier cambio.

Procedimiento

1. Primero vamos a buscar el curso donde se encuentra el instrumento de evaluación que vamos a editar. Haga un clic en el enlace del menú **Registro de Puntuaciones**.

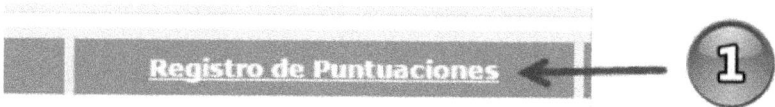

2. Seleccione el curso donde se encuentra el instrumento de evaluación que desea editar, haciendo un clic sobre el enlace del curso. Si no puede ver el curso que desea, seleccione **Todos** de la lista **Cambiar Período Académico**, haciendo un clic sobre ella, y luego haga un clic en el botón **Cambiar**.

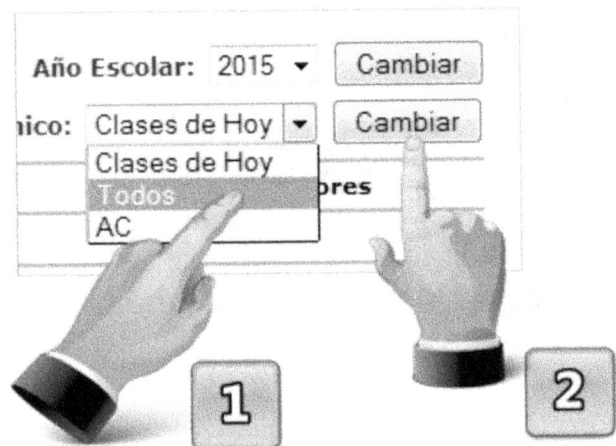

3. Haga un clic sobre el enlace del submenú **Instrumentos/Temas**.

4. Seleccione el instrumento de evaluación que va a editar, haciendo un clic sobre el enlace con el nombre del instrumento.

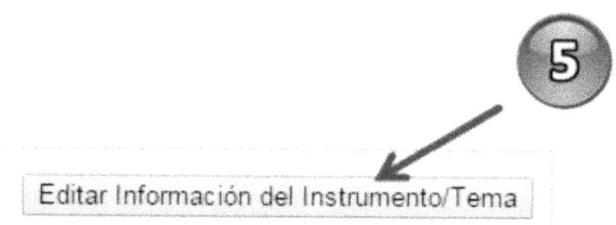

5. Ahora haga un clic en el botón **Editar Información del Instrumento/Tema**.

6. Para terminar, haga los cambios que desee y cuando termine haga clic en el botón **Guardar Cambios**. Si desea cancelar el proceso, sólo tiene que hacer clic en el botón **Cancelar**.

Capítulo 8:
Eliminando instrumentos de evaluación

Adicional de crear, copiar y editar un instrumento de evaluación, usted tiene la opción de eliminar alguno. Si entiende que tiene algún instrumento que no utilizará, le enseñaré cómo eliminar el mismo.

Procedimiento

1. Comenzamos buscando el curso donde se encuentra el instrumento de evaluación que desea eliminar. Para esto hacemos clic en el menú **Registro de Puntuaciones**.

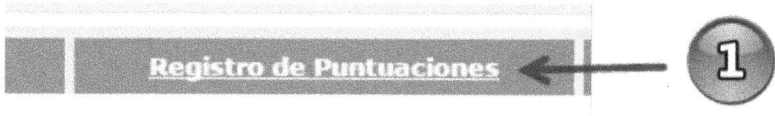

2. Ahora seleccionamos el curso haciendo un clic sobre el enlace con el código del curso. Si no puede ver el curso que desea, seleccione **Todos** de la lista **Cambiar Período Académico**, haciendo un clic sobre ella, y luego haga un clic en el botón **Cambiar**.

3. Haga un clic en el enlace **Instrumentos/Temas**.

4. Seleccione el instrumento de evaluación que desea eliminar, haciendo un clic sobre el nombre del mismo.

5. Haga un clic sobre el botón **Eliminar Instrumento/Tema**.

6. Verá un mensaje de advertencia que le pide que confirme si desea eliminar el curso. Para terminar, sólo tiene que hacer un clic sobre el botón **Sí**.

Capítulo 9:
Asignando las puntuaciones

Después de que tenemos el instrumento de evaluación creado, el próximo paso es asignar las puntuaciones que obtuvieron los estudiantes. Durante el proceso de creación del instrumento de evaluación, usted indicó la puntuación máxima que podría obtener un estudiante en dicho instrumento; por lo tanto, cuando usted entra la puntuación obtenida por el estudiante, el sistema utilizará ambos valores para asignarle, más adelante, un por ciento y una nota final al estudiante.

Procedimiento

1. Primero vamos a buscar el curso donde se encuentra el instrumento de evaluación al que desea asignarle la puntuación. Para esto hacemos clic en el menú **Registro de Puntuaciones**.

2. Ahora seleccionamos el curso haciendo un clic sobre el enlace con el código del curso. Si no puede ver el curso que desea, seleccione **Todos** de la lista **Cambiar Período Académico**, haciendo un clic sobre ella, y luego haga un clic en el botón **Cambiar**.

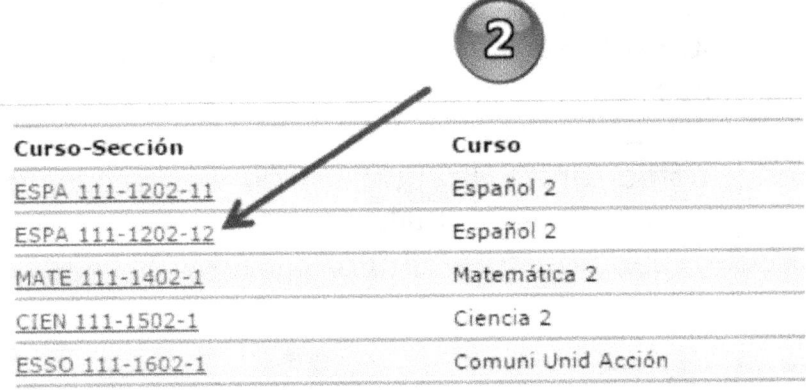

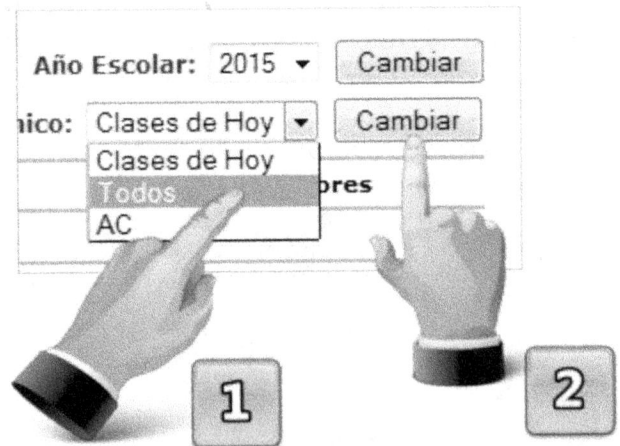

3. Haga un clic en el enlace **Instrumentos/Temas**.

4. Seleccione el instrumento de evaluación al que desea asignarle la puntuación, haciendo un clic sobre el nombre del mismo. Otra opción es hacer un clic sobre el enlace **[Puntuación]** al extremo derecho del nombre del instrumento. Si utiliza esta opción, puede pasar directamente al paso número 6.

Instrumento/Tema	Fech:
Dictados	09,
Trabajo especial	11,
Examen #1	11,
Tareas de desempeño	08,
Tarea de desempeño	09,

5. Haga un clic en el botón **Asignar Puntuación al Instrumento/Tema**.

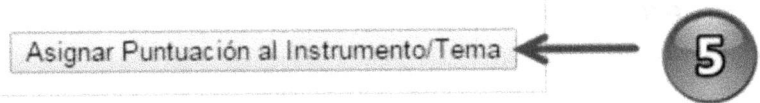

6. Entre la puntuación en el campo correspondiente, en la columna **Puntuación**.

7. Si el estudiante está excusado y no tomará esa evaluación, debe marcar el cuadro correspondiente en la columna **Exento**.

8. También tiene la opción de escribir alguna notación en la columna **Comentario**.

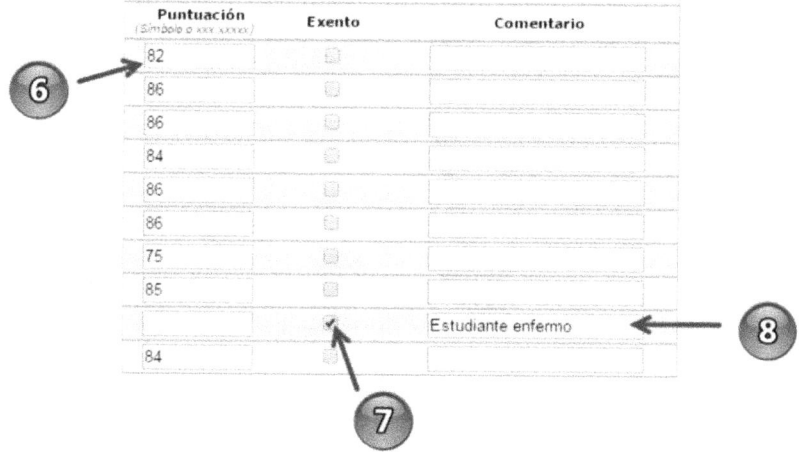

9. Tiene la opción de seleccionar de la lista de **Alternativas para Adjudicar Puntuación** varias alternativas: adjudicar la misma puntuación a todos los estudiantes, adjudicar la puntuación a los estudiantes que no tienen puntuaciones asignadas o añadirle a todas las puntuaciones la misma cantidad adicional.

10. Luego, puede entrar la puntuación en el campo **Puntuación**.

11. Para terminar haga un clic en el botón **Actualizar**.

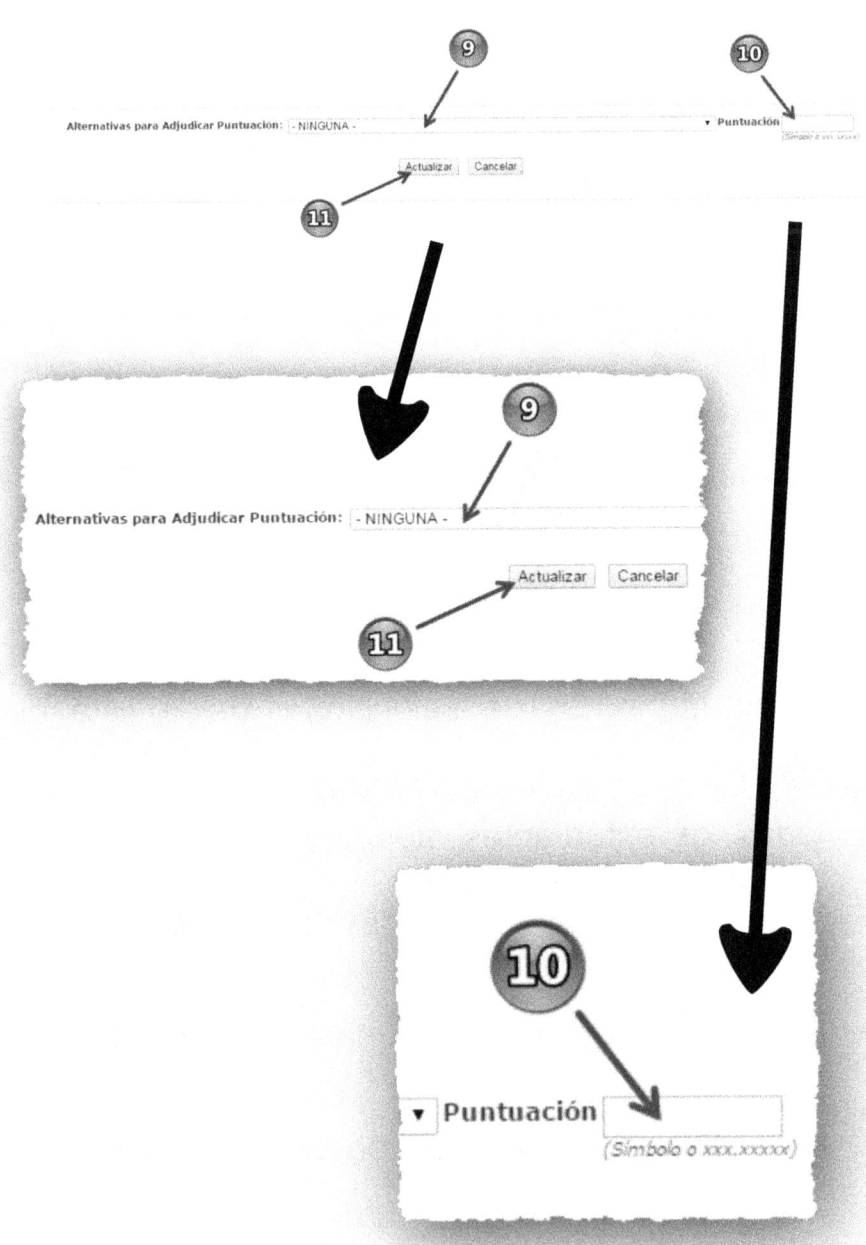

Capítulo 10:
Publicando las puntuaciones

Luego de haber entrado toda la puntuación en el Sistema de Información Estudiantil (SIE), debe publicar las mismas para que se reflejen en la parte administrativa de la escuela en el SIE y el director pueda crear los informes de evaluación. Estos informes serán recibidos por los padres de sus estudiantes en las fechas estipuladas por el Departamento de Educación de Puerto Rico.

Las evaluaciones se deben someter en los cursos de un año, cuatro veces mas la nota final. En el caso de los cursos de un semestre, se deben someter las evaluaciones dos veces mas la nota final. Cada período de evaluación en el SIE aparece numerado. El número 1 equivale a las 10 semanas de clases, el número 2 a las 20 semanas, el 3 a las 30 semanas y el 4 a las 40 semanas. También tiene disponible para la nota final, que es utilizado al terminar el curso.

En los cursos de un semestre que se ofrecen durante el primer semestre —agosto a diciembre— sólo aparecen las 10 y 20 semanas, además de la nota final. En los cursos de un semestre que se ofrecen durante el segundo semestre —enero a mayo— aparecen las 30 y 40 semanas, además de la nota final.

Procedimiento

1. Para comenzar, haga un clic en el menú **Registro de Puntuaciones**.

2. Ahora seleccione el curso en donde va a publicar las notas. Si no puede ver el curso que desea, seleccione **Todos** de la lista **Cambiar Período Académico**, haciendo un clic sobre ella, y luego haga un clic en el botón **Cambiar**.

Período	Ident. del Curso	Curso
1	ESPA 111-1202-11	Español 2
2	ESPA 111-1202-12	Español 2
3	MATE 111-1402-1	Matemática 2
4	CIEN 111-1502-1	Ciencia 2
6	ESSO 111-1602-1	Comuni Unid Acción

Aprendiendo a utilizar el SIE en forma ilustrada | 77

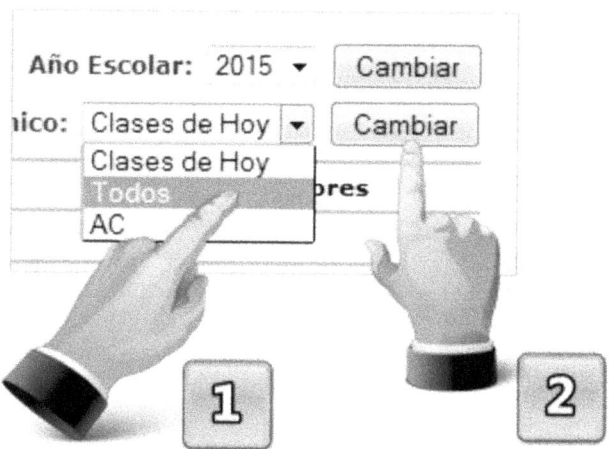

3. Seleccione el submenú **Someter Información**.

4. Ahora debe seleccionar el período correspondiente en la columna **Período de Informe de Progreso / de Notas**.

5. En el campo de **tipo de Evaluación** debe seleccionar %.

6. Coteje que esté seleccionado **Acumulativo** en la columna **Tipo de Cálculo**.

7. Haga un clic en el botón **Someter**.

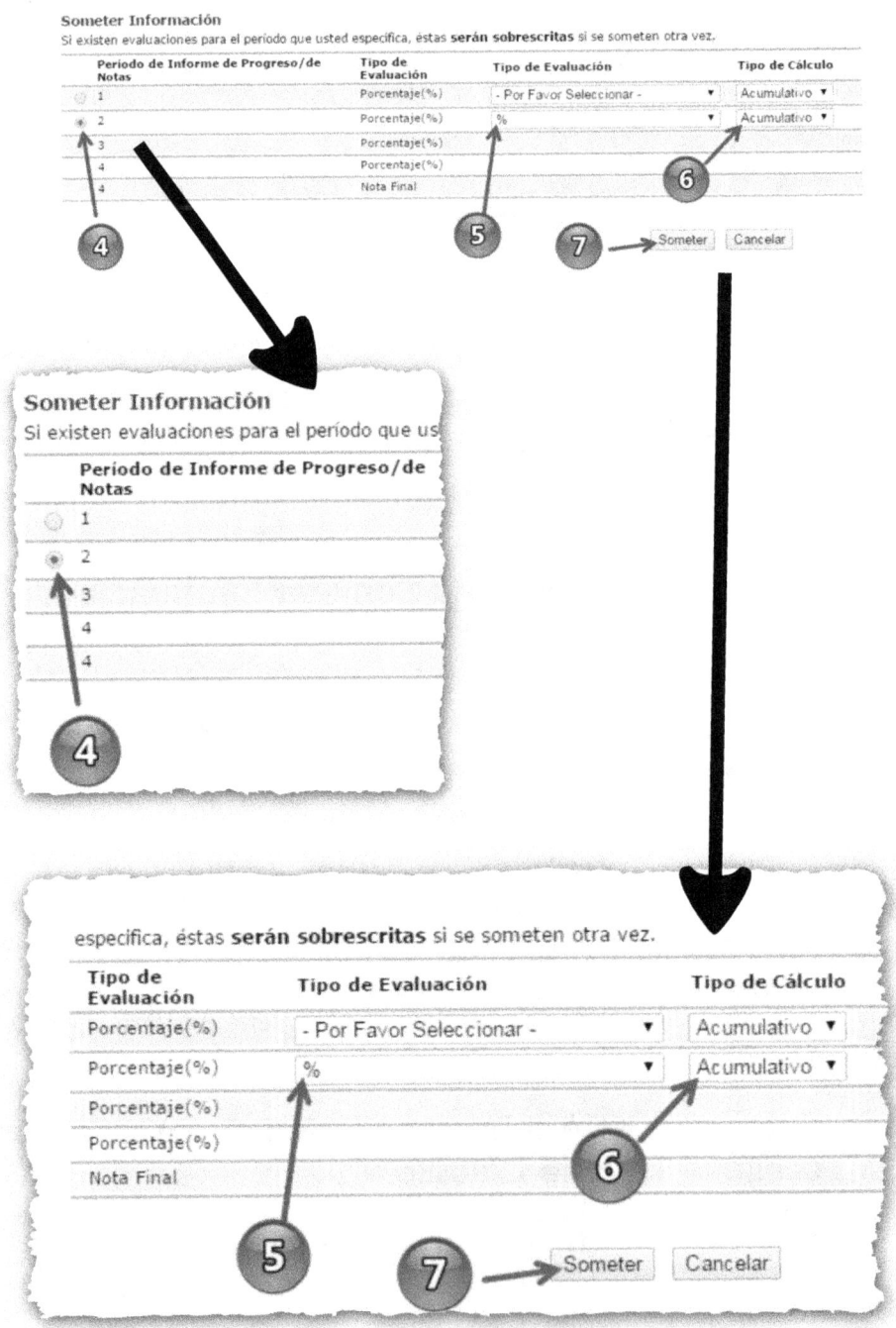

8. Aparecerá la lista con las puntuaciones de sus estudiantes. Haga clic nuevamente en el botón **Someter**.

9. Ahora podrá ver las puntuaciones sometidas.

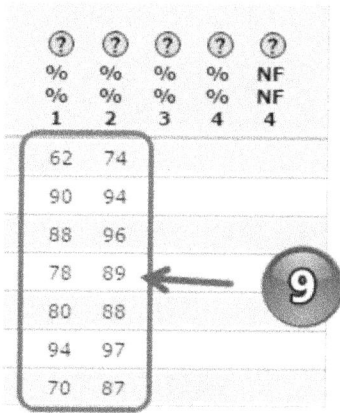

10. Cuando un curso de un año termina, además de publicar en las 40 semanas, debe seleccionar el segundo 4 en la columna **Período de Informe de Progreso / de Notas**. En la segunda columna, **Tipo de Evaluación**, este 4 es la **Nota Final**.

11. En el campo de **Tipo de Evaluación** debe seleccionar **Evaluación del Período Académico**.

12. También debe cotejar que esté seleccionado **Acumulativo** en la columna **Tipo de Cálculo**.
13. Haga clic en el botón **Someter**.

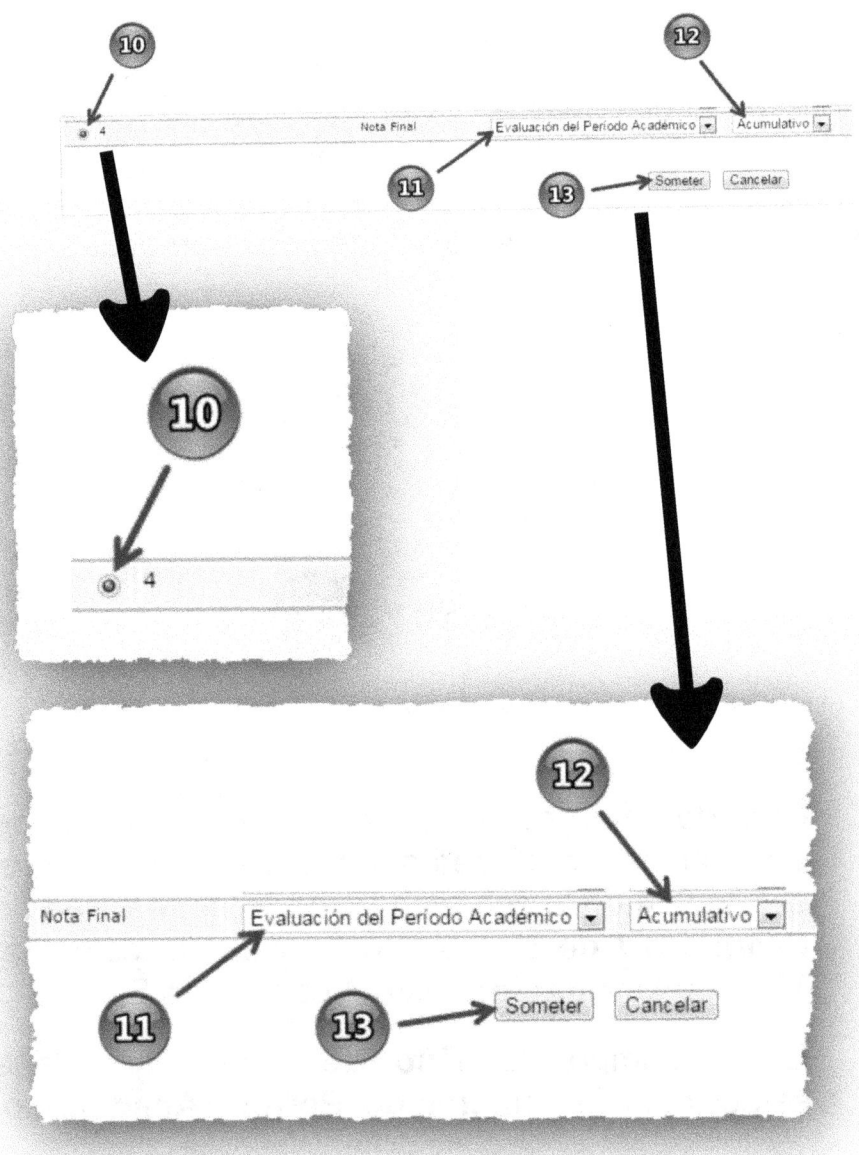

14. Después que vea la lista con las puntuaciones de sus estudiantes y haga clic nuevamente en el botón **Someter**, como hizo en el paso 8, verá las puntuaciones sometidas mas la nota final.

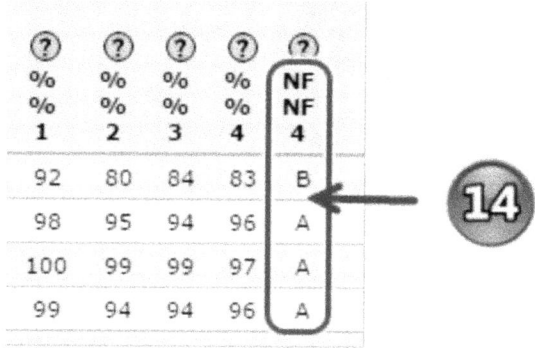

Sección 4:
Los informes

Capítulo 11:
Viendo las evaluaciones académicas

Otra característica del Sistema de Información Estudiantil (SIE), es que podemos ver las evaluaciones académicas de nuestros estudiantes. Como resultado del procedimiento que a continuación se explicará, usted podrá ver todas las evaluaciones que usted sometió para cada uno de sus estudiantes.

Procedimiento

1. Comenzamos haciendo un clic en el menú **Informe de Evaluación Académica**.

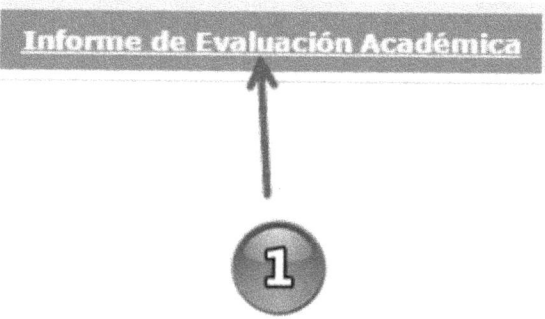

2. Luego haga un clic en el curso en el cual desea ver las evaluaciones académicas. Si no puede ver el curso que desea, seleccione **Todos** de la lista **Cambiar Período Académico**, haciendo un clic sobre ella, y luego haga un clic en el botón **Cambiar**.

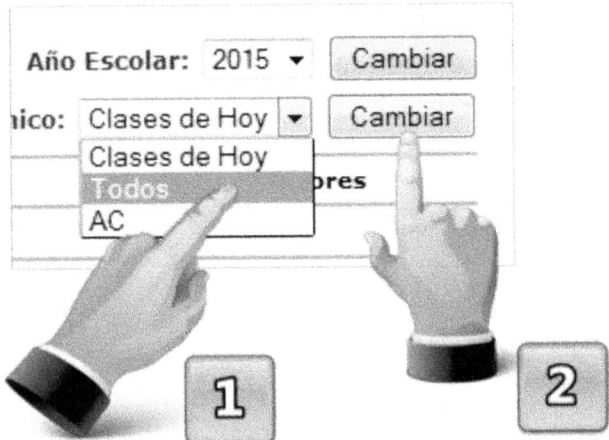

3. Ahora aparecerá cada una de las evaluaciones que usted sometió para sus estudiantes.

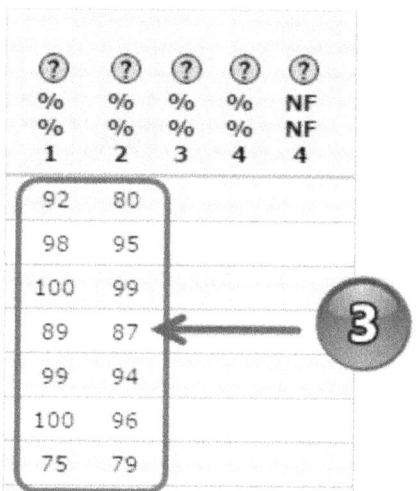

4. Si desea imprimir el informe, haga un clic en el enlace **Versión para Imprimir**, localizado en la parte superior derecha de la pantalla.

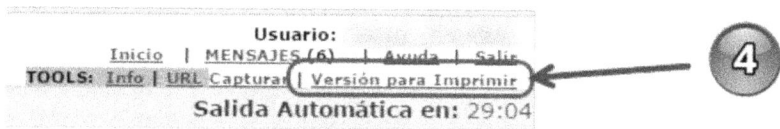

5. En la ventana que se abrirá, haga un clic en el botón **Imprimir Página**. Ahora sólo tiene que seguir las instrucciones de su impresora.

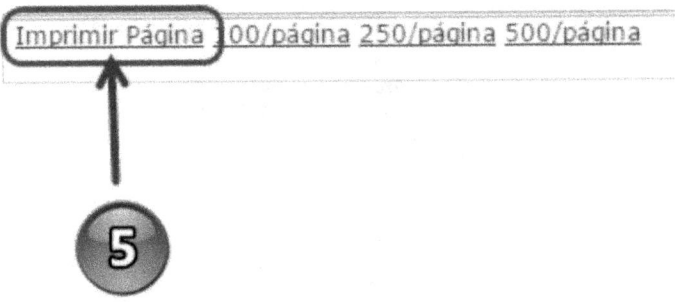

Capítulo 12:
Creando informe de evaluación detallado

Si queremos ver un informe detallado con los instrumentos de evaluación y las puntuaciones obtenidas por sus estudiantes, el Sistema de Información Estudiantil (SIE) le permite crearlo. En este capítulo también explicaremos cómo imprimir dicho informe.

Procedimiento

1. Haga un clic en el menú **Registro de Puntuaciones**.

2. Seleccione el curso del cual quiere crear el informe. Si no puede ver el curso que desea, seleccione **Todos** de la lista **Cambiar Período Académico**, haciendo un clic sobre ella, y luego haga un clic en el botón **Cambiar**.

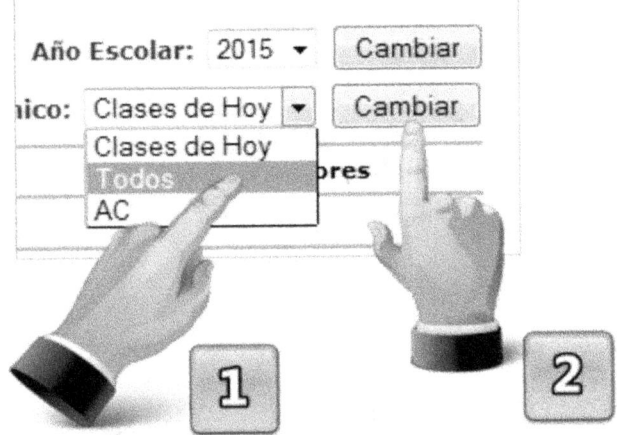

Aprendiendo a utilizar el SIE en forma ilustrada | 91

3. Haga un clic en el submenú **Informes**.

4. Ahora haga un clic en el enlace **Informe de Consolidación de Clase**.

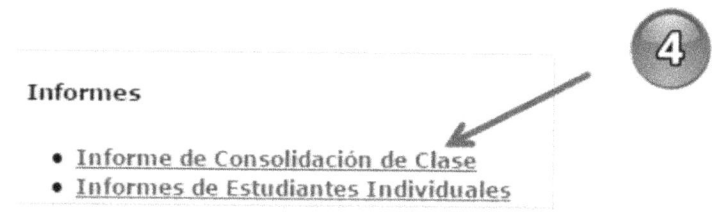

5. Haga un clic en el botón **Crear Informe**. Para efectos de este libro dejamos todo como está, pero usted puede cambiar alguna de las opciones antes de crear el informe.

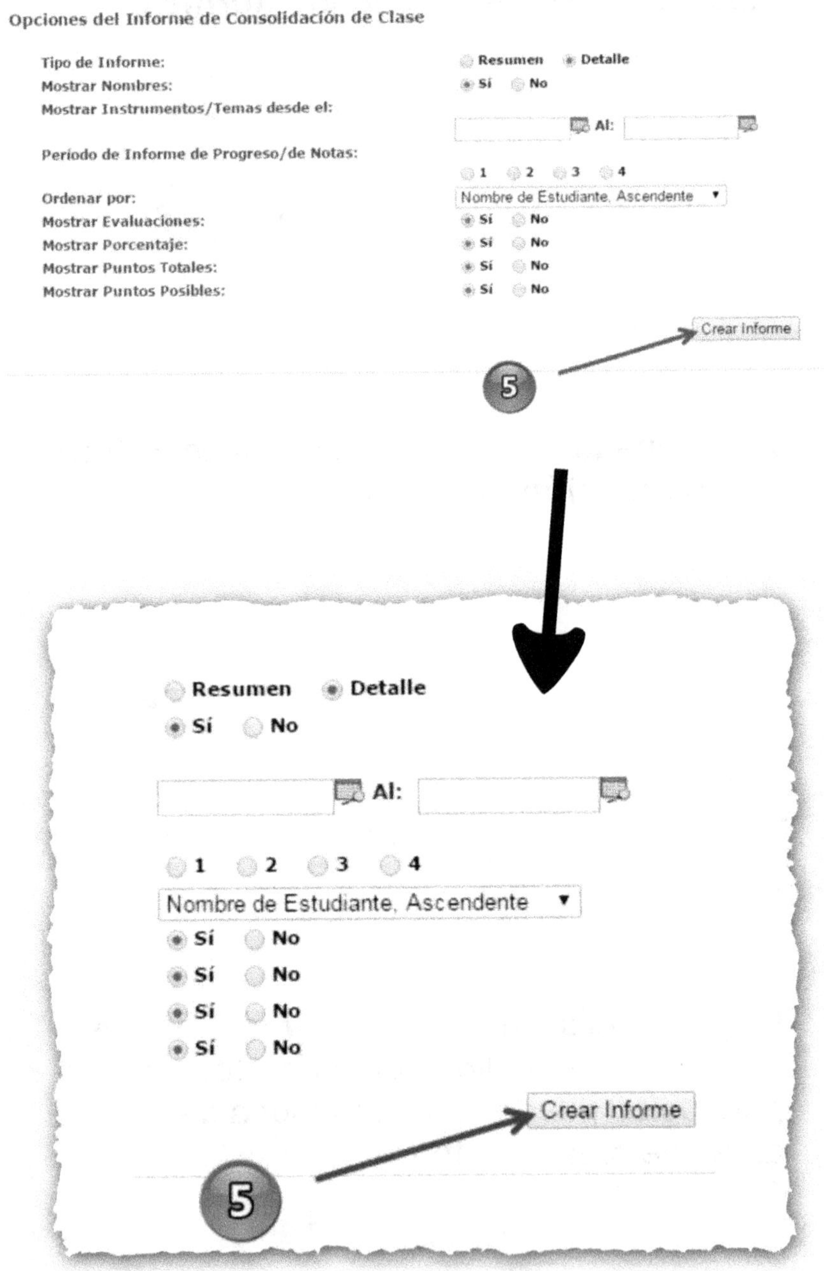

Opciones del Informe de Consolidación de Clase

Tipo de Informe:	○ Resumen ● Detalle
Mostrar Nombres:	● Sí ○ No
Mostrar Instrumentos/Temas desde el:	[____] 📅 Al: [____] 📅
Período de Informe de Progreso/de Notas:	○ 1 ○ 2 ○ 3 ● 4
Ordenar por:	Nombre de Estudiante, Ascendente ▼
Mostrar Evaluaciones:	● Sí ○ No
Mostrar Porcentaje:	● Sí ○ No
Mostrar Puntos Totales:	● Sí ○ No
Mostrar Puntos Posibles:	● Sí ○ No

[Crear Informe]

⑤

Aprendiendo a utilizar el SIE en forma ilustrada | 93

6. Para imprimir el informe, haga un clic en el enlace **Versión para Imprimir**, localizado en la parte superior derecha de la pantalla.

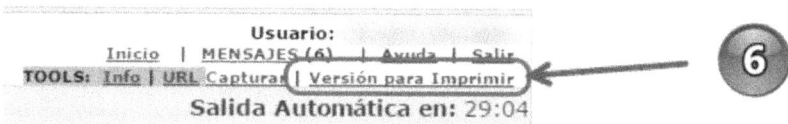

7. En la ventana que se abrirá, haga un clic en el botón **Imprimir Página**. Ahora sólo tiene que seguir las instrucciones de su impresora.

Sección 5:
Mi perfil y otros

Capítulo 13:
Leyendo los mensajes

En el capítulo 2 explicamos que al autenticarnos en el Sistema de Información Estudiantil (SIE), veremos una lista de mensajes para leer. En este capítulo entraremos en detalles sobre cómo tener acceso a estos importantes mensajes en cualquier momento.

Estos mensajes son importantes leerlos, ya que contienen información útil sobre el SIE. Pueden incluir información sobre procedimientos actualizados o fechas límites para realizar algún procedimiento. De la misma manera también pueden incluir cartas circulares que afecten procesos del SIE.

Procedimiento

1. Puede leer los mensajes tan pronto se autentique, ya que lo primero que verá será la lista de mensajes. Sólo tiene que hacer un clic sobre el mensaje que desee leer.

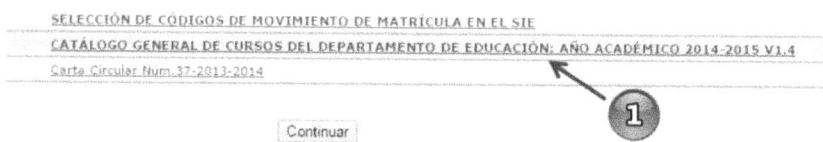

2. Por otro lado, si se encuentra en otra sección del SIE, sólo tiene que hacer un clic sobre el enlace

MENSAJES que aparece en la parte superior derecha, debajo del nombre de usuario. El número en paréntesis representa la cantidad de mensajes disponibles.

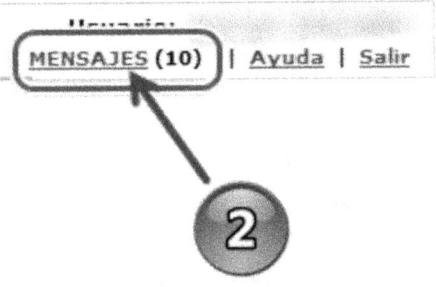

Capítulo 14:
Cambiando la contraseña

En este capítulo vamos a explicar el proceso de cómo cambiar su contraseña. Es buena práctica cambiar cada cierto tiempo su contraseña, por razones de seguridad. Además, si usted sospecha que alguien ha tenido acceso a su contraseña, le recomiendo que la cambie siguiendo el procedimiento que a continuación explicamos.

1. Comenzamos haciendo un clic en el menú **Mi Perfil**.

2. Haga un clic en el enlace [**Cambiar Contraseña**].

3. En el campo **Contraseña** entre su contraseña actual.

4. Ahora entre su nueva contraseña en el campo **Contraseña Nueva**.

5. En el campo **Confirmar Contraseña Nueva** entre nuevamente su nueva contraseña.

6. Para terminar haga un clic en el botón **Cambiar Contraseña**.

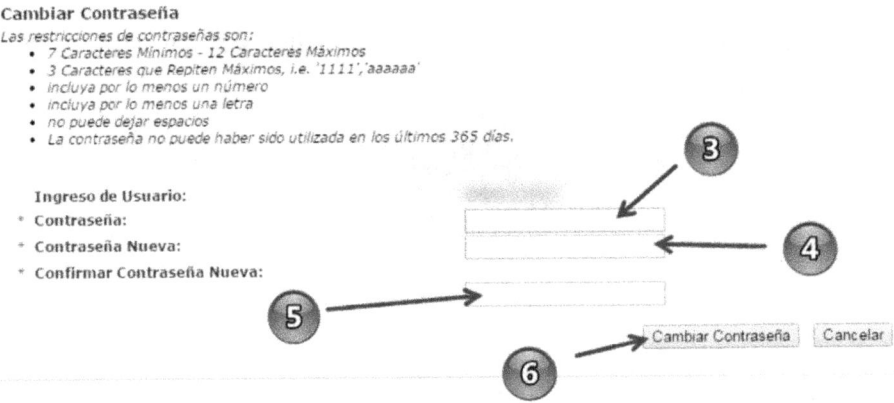

Capítulo 15:
Saliendo del SIE

Es importante que cada vez que termine de trabajar en el Sistema de Información Estudiantil (SIE) salga de la aplicación de la forma correcta. Esto le garantiza que nadie tenga acceso a su cuenta sin su autorización.

Procedimiento

1. Haga clic en el enlace **Salir** que se encuentra en la parte superior derecha de la pantalla.

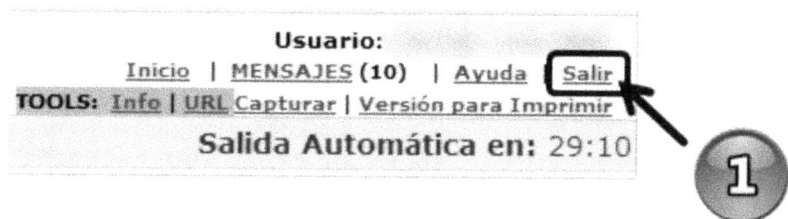

2. Verá el mensaje **Salida Exitosa**.

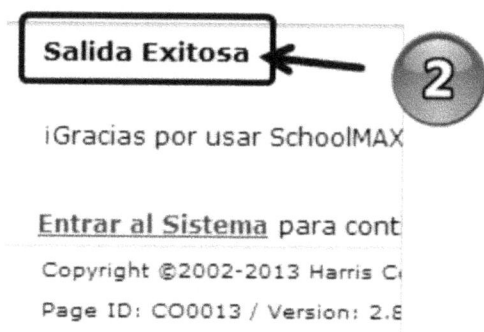

3. Por cuestión de seguridad se le recomienda que cierre el navegador (*browser*).

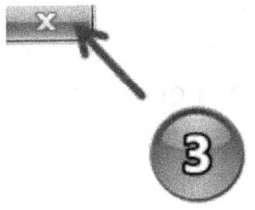

Sobre el autor

Frank J. Ortiz Bello

Frank J. Ortiz Bello se desempeña como Especialista en Tecnología Educativa en el Departamento de Educación de Puerto Rico, y posee una Maestría en Educación con especialidad en Sistemas de Instrucción y Tecnología Educativa, con dos sub especialidades, una en Informática y otra en Diseño Instruccional. Además posee una certificación IC3 (*Internet and Computing Core Certification*).

Con más de 25 años de experiencia en la enseñanza, Ortiz Bello ha ofrecido cursos en el nivel secundario, en el programa de educación de adultos y en el nivel universitario. Ha impartido cursos de ciencia, química, física, biología, investigación científica, álgebra, geometría y diferentes cursos dentro del campo de la tecnología educativa en el nivel universitario. Fue parte del *Comité de Asesoramiento y Apoyo del Departamento de Educación de Puerto Rico*, trabajando con el *Plan de Tecnología del Departamento de Educación para los años 2002-2006*.

Ortiz Bello formó parte del *Comité de Divulgación del Sistema de Información Estudiantil (SIE)* del Departamento de Educación de Puerto Rico, que fue creado para comenzar a divulgar información sobre el SIE a la comunidad escolar. Además, fue el que diseñó el primer opúsculo (*brochure*) que preparó el Departamento de Educación para dar a conocer el SIE a la comunidad escolar.

Ha diseñado y ofrecido adiestramientos sobre el SIE a maestros, directores escolares, facilitadores docentes, superintendentes, trabajadores sociales, consejeros escolares, personal de apoyo en las escuelas y a madres, padres y encargados de estudiantes, entre otros. También ha publicado tutoriales y recursos en línea sobre el tema.

Ortiz Bello es autor de otros libros y aplicaciones, así también como editor para otros autores. También ha publicado en revistas y periódicos. Es el administrador de varios sitios web de su propia iniciativa.

Bibliografía

Bibliografía

Puerto Rico. Departamento de Educación. (2006). *Normas y procedimientos para la evaluación del aprovechamiento académico y la promoción de los estudiantes del sistema escolar público puertorriqueño* (Carta Circular Núm. 1, 2006-2007). Documento interno no publicado.

Puerto Rico. Departamento de Educación. (2015). *Normas y procedimientos para la evaluación del aprovechamiento y crecimiento académico estudiantil y para la promoción de los estudiantes del sistema educativo escolar* (Carta Circular Núm. 13, 2015-2016). Documento interno no publicado.

Ediciones Eleos
Dorado, Puerto Rico
www.edicioneseleos.com

www.ingramcontent.com/pod-product-compliance
Lightning Source LLC
Chambersburg PA
CBHW080406170426
43193CB00016B/2825